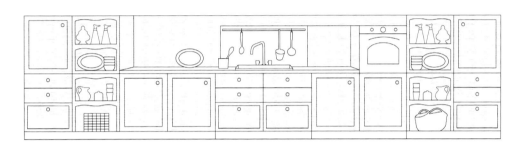

KÖNEMANN

©2015 for this edition: koenemann.com GmbH
Distributed in cooperation with Frechmann Kolón GmbH

www.koenemann.com
www.frechmann.com

Editorial project: LOFT Publications
Barcelona, Spain
Tel.: +34 932 688 088
Fax: +34 932 687 073
loft@loftpublications.com
www.loftpublications.com

ISBN 978-3-86407-561-2 (GB)
ISBN 978-3-86407-559-9 (D)
ISBN 978-3-86407-560-5 (E)

Editorial coordinator: Claudia Martínez Alonso
Assistant to editorial coordination: Ana Marques
Edition and texts: Manel Gutiérrez (@mgutico)
Art director: Mireia Casanovas Soley
Layout: Cristina Simó Perales
Translations: textcase

Printed in Spain

LOFT affirms that it possesses all the necessary rights for the publication of this material and has duly paid all royalties related to the authors' and photographers' rights. LOFT also affirms that it has violated no property rights and has respected common law, all authors' rights and other rights that could be relevant. Finally, LOFT affirms that this book contains no obscene or slanderous material. The total or partial reproduction of this book without the authorization of the publishers violates the two rights reserved; any use must be requested in advance. In some cases it might have been impossible to locate copyright owners of the images published in this book. Please contact the publisher if you are the copyright owner in such a case.

6 THE CONTEMPORARY KITCHEN
DIE MODERNEN KÜCHEN
LA CUISINE CONTEMPORAINE
DE MODERNE KEUKEN
LA COCINA CONTEMPORÁNEA
A COZINHA CONTEMPORÂNEA

356 THE CLASSIC KITCHEN
DIE KLASSISCHE KÜCHE
LA CUISINE CLASSIQUE
DE KLASSIEKE KEUKEN
LA COCINA CLÁSICA
A COZINHA CLÁSSICA

502 DIRECTORY

THE CONTEMPORARY KITCHEN

DIE MODERNEN KÜCHEN

LA CUISINE CONTEMPORAINE

DE MODERNE KEUKEN

LA COCINA CONTEMPORÁNEA

A COZINHA CONTEMPORÂNEA

You can't go wrong with wood: its strength, flexibility and robustness, as well its unique warmth and comfort, make it an ecologically sound material *par excellence*. Despite the proliferation of new materials, wood still plays the leading role in the design and manufacture of kitchens.

These days, there is more than just solid wood to choose from when deciding on the main material to be used for a kitchen. While it is an attractive natural material, new technologies can now be used to produce a wide variety of natural and engineered wood veneers which, thanks to a special manufacturing process, present a product with a finish extremely similar to solid wood, giving it the same warmth and beauty. As well as meeting strength, durability and quality requirements, these new products also present a multitude of natural wood shades, from the light tones of maple or oak to the dark tones of walnut, teak or wenge.

Although classic designs still enjoy great popularity, the versatility of wood and aesthetic innovations in kitchen design have brought about the emergence of truly ground-breaking designs. Now, the contemporary wood kitchen has straight and smooth finishes, asymmetries and the absence of mouldings and ornamentation. Wood can also be used in combination with new materials, such as lacquers, concrete, glass, stainless steel, aluminium and laminates.

In Sachen Holz liegen wir niemals falsch: Für unser Zuhause ist es das Material par excellence. Seine Flexibilität, seine Solidität, seine Wärme und Gemütlichkeit machen es neben seinem ökologischen Charakter zu einem einzigartigen Material. Trotz der Tatsache, dass immer neue Materialien auf den Markt kommen, spielt Holz noch immer eine vorherrschende Rolle beim Design und der Fabrikation von Küchen.

Sich für eine Holzküche zu entscheiden, bedeutet heutzutage nicht, dass diese unbedingt aus Massivholz bestehen muss. Wenngleich das Massivholz ein schönes und natürliches Material ist, ermöglichen neuartige Technologien die Herstellung einer großen Vielfalt an natürlichem Furnier und Ummantelungsfurnier, das, aufgrund seines speziellen Herstellungsprozesses, enorme Ähnlichkeit mit einem natürlichen Finish hat und darüber hinaus der Qualität und Schönheit eines Massivholzes in nichts nachsteht. Diese neuen Produkte vereinen nicht nur Anforderungen wie Widerstandsfähigkeit, Haltbarkeit und Wärme, sie bieten zudem eine große Bandbreite an natürlichen Holztönen. Von hellen Tönen, wie denen des Ahorns oder der Eiche, bis hin zu den dunkleren Tönen des Nussbaumes, des Teaks oder der Wenge.

Auf diese Weise erfreut sich nicht nur das Angebot klassischer Küchen großer Akzeptanz. Die Vielseitigkeit des Holzes hat in Verbindung mit ästhetischen Innovationen im Küchendesign zur Entstehung wahrhaft brisanter Formgestaltung beigetragen. Die moderne Holzküche präsentiert sich heute in einem geradlinigen und schlichten, asymmetrischen Finish, das gänzlich auf Verzierungen und Leisten verzichtet. Zudem tritt es in Kombination mit neuen Materialien in Erscheinung, wie beispielsweise mit Lacken, Beton, Glas, Edelstahl, Aluminium und Laminat, um nur einige zu nennen.

Opter pour le bois est toujours un bon choix : c'est le matériau par excellence pour sa résistance, sa flexibilité et sa solidité, sans compter qu'en plus de son caractère écologique, le bois nous apporte une chaleur et un confort tout à fait uniques. À l'heure actuelle, en dépit de la multiplication de nouveaux matériaux, le bois continue de jouer un rôle prépondérant dans le design et la fabrication de cuisines.

Aujourd'hui, choisir le bois comme matériau principal pour sa cuisine n'implique pas forcement d'opter pour du bois massif. Bien que ce soit un matériau naturel de toute beauté, les nouvelles technologies permettent de produire une grande variété de panneaux naturels et préfabriqués qui, grâce à un procédé spécial de fabrication, ressemblent à se méprendre sur le bois massif, avec une finition presque naturelle ainsi qu'une qualité et une beauté équivalentes. Ces nouveaux produits, en plus de combiner les exigences de résistance, de durabilité et de qualité, se déclinent également dans de nombreuses teintes caractéristiques du bois naturel, depuis les tons clairs de bois tels que l'érable et le chêne jusqu'aux tons sombres du noyer, du teck ou du wengé.

De ce fait, bien que les options parmi les plus classiques continuent de jouir d'un grand succès, la versatilité du bois et les innovations esthétiques dans le design de cuisine ont favorisé l'apparition de modèles réellement innovants. Aujourd'hui, la cuisine contemporaine en bois présente des finitions droites et lisses, des asymétries et une absence de moulures ou de décorations. Il est également possible d'y associer de nouveaux matériaux tels que les supports laqués ou stratifiés, le béton, le verre, l'acier inoxydable, l'aluminium, entre autres exemples.

Hout is altijd een goede keuze. De milieuvriendelijkheid, de kwaliteit en het gebruiksgemak, en bovendien de duurzaamheid, de flexibiliteit en de sterkte maken dit materiaal uniek. Ondanks de opkomst van talloze nieuwe materialen speelt hout vandaag de dag nog steeds een grote rol in het ontwerp en de fabricage van keukens.

Als je tegenwoordig voor een houten keuken kiest, hoeft die niet per se van massief hout te zijn. Massief hout is uiteraard natuurlijk en mooi, maar door de moderne technologie bestaat er nu ook een grote verscheidenheid aan plaatmateriaal. Door het speciale productieproces lijkt dit verrassend veel op natuurlijk massief hout; het heeft dezelfde warmte en schoonheid en is van even goede kwaliteit. Deze nieuwe producten zijn niet alleen duurzaam, sterk en van goede kwaliteit, ze zijn er bovendien in veel natuurlijke houtkleuren, van lichte tonen als esdoorn of eiken tot donker als noten, teak of wengé.

De klassieke ontwerpen blijven populair, maar de veelzijdigheid van hout en de esthetische innovaties in het keukendesign hebben gezorgd voor baanbrekende ontwerpen. Een moderne, houten keuken is strak en glad afgewerkt, asymmetrisch en ontdaan van lijsten en versieringen. Daarnaast is hout uitstekend te combineren met nieuwe materialen als hoogglanslak, beton, glas, roestvrij staal, aluminium, laminaat, enzovoort.

Con la madera nunca nos equivocamos: es el material por excelencia por su resistencia, su flexibilidad y su solidez y, además de su carácter ecológico, la calidez y la comodidad que proporciona es única. En la actualidad, pese a la proliferación de nuevos materiales, la madera sigue teniendo un papel preponderante en el diseño y la fabricación de cocinas.

Hoy, elegir la madera como elemento principal de una cocina no significa optar únicamente por la madera maciza. Si bien esta resulta un material natural y bonito, las nuevas tecnologías han permitido la producción de una gran variedad de chapas naturales y chapas precompuestas que, por su proceso especial de fabricación, presentan una enorme similitud con el acabado natural y, por tanto, la misma calidez y belleza de la madera maciza. Estos nuevos productos, además de reunir los requisitos de resistencia, durabilidad y calidad, también presentan una multitud de tonalidades propias de la madera natural, desde los tonos claros de maderas como el arce o el roble hasta los tonos oscuros del nogal, la teca o el wengué.

De esta forma, aunque las propuestas más clásicas siguen cosechando muy buena aceptación, la versatilidad de la madera y las innovaciones estéticas en el diseño de cocinas han permitido la aparición de diseños realmente rompedores. Ahora, la cocina contemporánea de madera presenta acabados rectos y lisos, asimetrías y ausencia de molduras y ornamentación. Además, puede ir combinada con nuevos materiales como los lacados, el hormigón, el cristal, el acero inoxidable, el aluminio y los laminados, entre otros.

Se falando em madeira, nunca nos enganamos: é um material excelente, graças à sua resistência, flexibilidade e solidez, e além do seu caráter ecológico, o calor e o conforto que transmite, são únicos. Atualmente, apesar da proliferação de novos materiais, a madeira continua a ter um papel preponderante no *design* e na construção de cozinhas.

Hoje em dia, escolher a madeira como elemento principal de uma cozinha não equivale a optar automaticamente pela madeira maciça. Embora esta seja um material natural e de grande beleza, as novas tecnologias permitem a produção de uma grande variedade de lâminas naturais e lâminas precompostas que, graças ao seu processo especial de fábrica, apresentam uma enorme semelhança com o acabamento natural e, portanto, a mesma qualidade e beleza da madeira maciça. Estes novos produtos, para além de reunirem os requisitos de resistência, durabilidade e qualidade, apresentam ainda uma infinidade em tonalidades próprias da madeira natural, desde os tons claros das madeiras como o ácer e o carvalho tons escuros da nogueira, da teca ou do venguê.

Desta forma, embora as propostas mais clássicas continuem a registrar grande aceitação, a versatilidade da madeira e as inovações estéticas no *design* de cozinhas permitiram o aparecimento de concepções realmente revolucionárias. A atual cozinha contemporânea de madeira apresenta acabamentos retos e lisos, assimetrias e ausência de molduras e ornamentação. Além disso, a madeira pode combinar-se com novos materiais, como lacados, concreto, vidro, aço inoxidável, alumínio e laminados, entre outros.

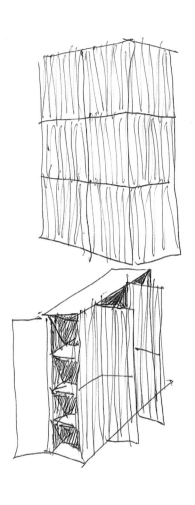

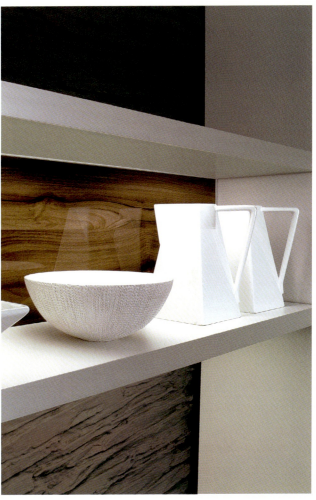

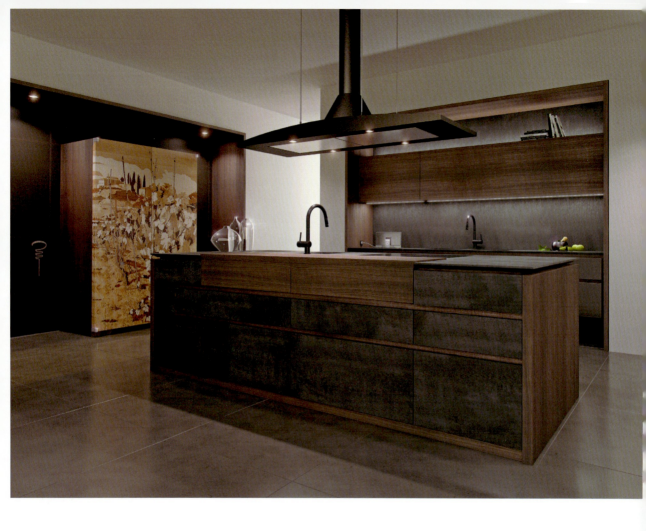

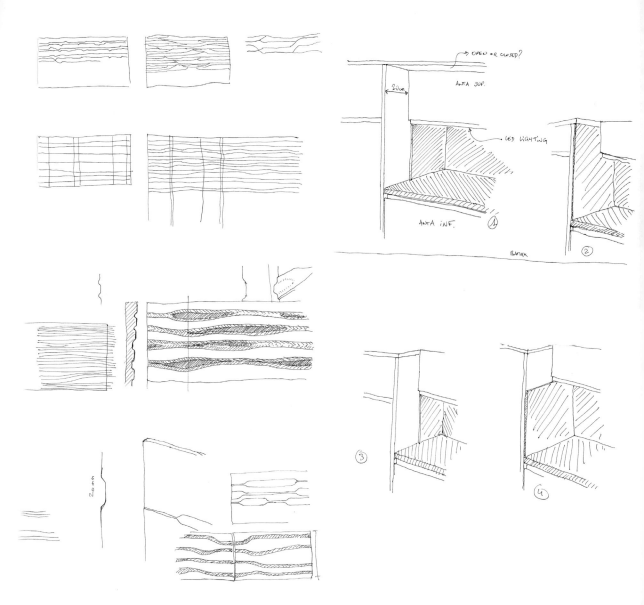

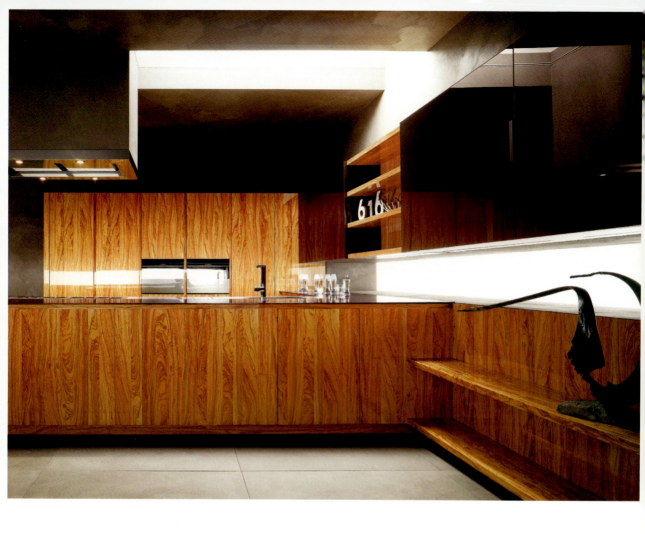

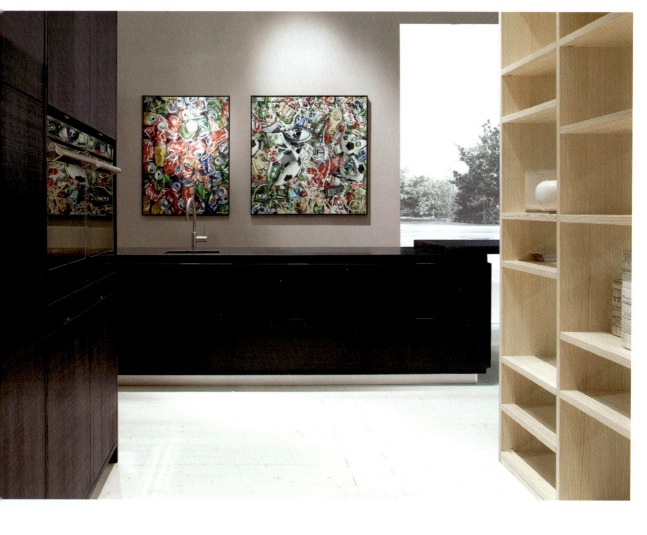

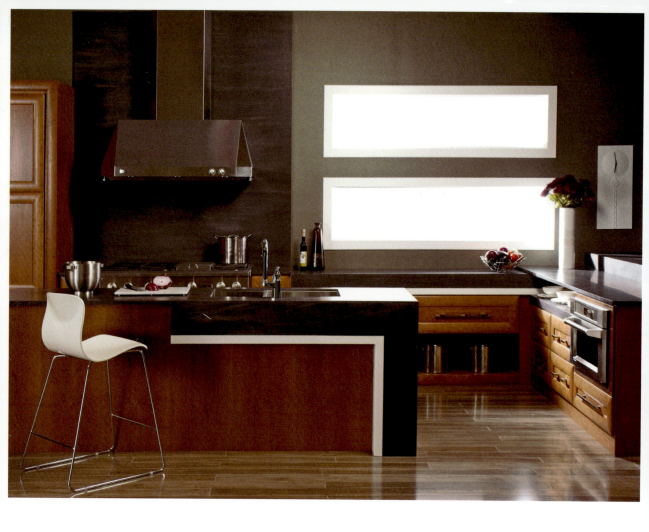

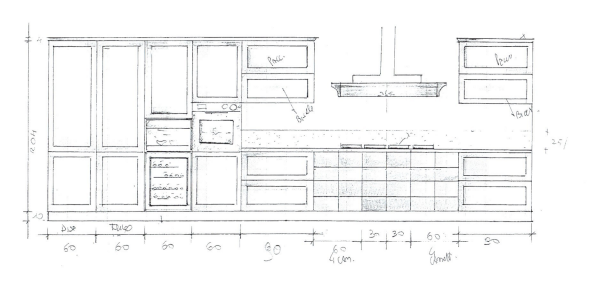

TIPS

In the Cosmo model by Rational, fitting a piece of flat-sawn wood as a bar is an attractive solution that gives the kitchen a natural look.

Die Einarbeitung einer flachen Holzplatte als Bar verleiht dem Küchenmodell Cosmo von Rational einen natürlichen Charakter.

Pour le modèle Cosmo de Rational, installer un court plat de travail en bois en guise de bar constitue une solution esthétique qui apporte à la cuisine une touche naturelle.

In het ontwerp Cosmo van Rational geeft de kleine houten bar de keuken een mooi en natuurlijk uiterlijk.

En el modelo Cosmo de Rational, la instalación de un corte plano de madera como barra es una bonita solución que dota a la cocina de un carácter natural.

No modelo Cosmo da Rational, a instalação de uma tábua de madeira lisa como balcão é uma boa solução, que proporciona à cozinha um caráter natural.

As well as being a good way to save space, the black glass sliding doors provide a truly beautiful solution when combined with wood.

Die Schiebetüren aus schwarzem Glas sorgen nicht nur für viel Stauraum, sondern stellen in Kombination mit dem Holz zudem eine wahrhaft schöne Lösung dar.

Les portes coulissantes en verre noir constituent non seulement une bonne façon d'économiser de l'espace mais aussi une solution de toute beauté lorsqu'elles sont combinées avec du bois.

De zwartglazen schuifdeuren zorgen niet alleen voor bergruimte, ze zijn ook prachtig in combinatie met het hout.

Las puertas correderas, de cristal negro, no solo representan una buena manera de ahorrar espacio, sino también una solución de gran belleza cuando se combinan con madera.

As portas de correr de vidro escuro, não só fornecem abundância em espaço de armazenamento, mas também uma bela solução quando combinada com a madeira.

In large spaces, the installation of two islands with different functions frees up wall space and makes kitchen tasks easier.

Stehen offene Räume zur Verfügung, liefert die Installation von zwei Inseln mit verschiedenen Funktionen Freiraum an den Wänden und erleichtert die Aufgabenverteilung in der Küche.

Dans les pièces de grande taille, installer deux îlots servant des fonctions différentes permet de libérer de l'espace au niveau des murs et d'améliorer la fonctionnalité de la cuisine.

In grote ruimtes zorgen twee eilanden met verschillende functionaliteiten voor meer wandruimte en kookgemak.

En espacios amplios, la instalación de dos islas con funciones diferenciadas libera espacio en las paredes y facilita las tareas en la cocina.

Nos espaços amplos, a instalação de duas ilhas com funções diferenciadas libera espaço nas paredes e facilitam as tarefas na cozinha.

Horizontal lines, smooth finishes, a lack of embellishment and hidden handles give the kitchen a modern and innovative look.

Die horizontalen Linien, die glatten, schnörkellosen Oberflächen und die verborgenen Griffe verleihen der Küche einen modernen und innovativen Aspekt.

Les lignes horizontales, les finitions lisses et dénuées de décoration ainsi que les poignées cachées donnent à la cuisine un aspect moderne et innovant.

De horizontale lijnen, strakke afwerking en verborgen handgrepen geven deze keuken een moderne en innovatieve look.

Las líneas horizontales, los acabados lisos y sin ornamentación, y los tiradores ocultos confieren a la cocina un aspecto moderno e innovador.

As linhas horizontais, com acabamentos lisos e sem ornamentação com puxadores ocultos proporcionam à cozinha um aspeto moderno e inovador.

When it is not possible to have a bar or an island, a solid wooden table is the perfect accessory for the contemporary kitchen.

Sollte die Einbindung einer Insel oder einer Bar nicht möglich sein, stellt ein Tisch aus Massivholz die perfekte Ergänzung zu einer modernen Küche dar.

Lorsqu'il n'est pas possible de disposer d'un bar ou d'un îlot, une table en bois massif complète parfaitement une cuisine contemporaine.

Als er geen plaats is voor een bar of een kookeiland, is in een moderne keuken een massief houten tafel dé oplossing.

Cuando no es posible disponer una barra o una isla, una mesa de madera maciza es el complemento perfecto para la cocina contemporánea.

Não havendo disposição à um balção ou à uma ilha, uma mesa de madeira maciça é o complemento perfeito para a cozinha contemporânea.

Doors manufactured from joined wooden slats are a good example of wood's versatility.

Aus Holzleisten zusammengesetzte Türen sind ein gutes Beispiel für die Vielseitigkeit von Holz.

La fabrication de portes en baguettes de bois est un bon exemple de la versatilité de ce matériau.

Kastjes gemaakt van schrootjes zijn een mooi voorbeeld van de veelzijdigheid van hout.

La fabricación de puertas a partir de la unión de listones de madera es un buen ejemplo de la versatilidad de este material.

A fabricação de portas baseada nà união de ripas de madeira, oferece um bom exemplo de versatilidade da madeira.

LED technology makes it easy to integrate lighting into furniture; a good way of meeting a kitchen's specific lighting needs.

Mit Hilfe der LED-Technologie lässt sich Licht so in Möbelstücke integrieren, dass auch die spezifischen Anforderungen einer Küche an die Beleuchtung befriedigt werden können.

La technologie des lampes LED permet, d'une part, d'intégrer l'éclairage au mobilier et, d'autre part, de répondre aux besoins spécifiques en éclairage que requiert une cuisine.

Dankzij de LED-technologie kan verlichting nu veel gemakkelijker in het meubilair geïntegreerd worden. Zo kan beter worden voldaan aan speciale wensen voor goede verlichting in de keuken.

La tecnología de diodos led facilita que la iluminación pueda integrarse en el mobiliario y, a su vez, satisfacer las necesidades específicas de luz que requiere una cocina.

A tecnologia de díodos LED facilita a integração de luz em móveis, e ao mesmo tempo satisfaz as necessidades em termos de iluminação de uma cozinha.

Dark coloured woods, such as the black oak used in the Japón model by Bossia, are kitchen design favourites.

Dunkle Holztöne, wie die schwarze Eiche im Modell Japón von Bossia, haben sich im Küchendesign bereits zu den Favoriten entwickelt.

Les bois de couleurs sombres tels que le chêne noir du modèle Japón de Bossia, jouissent déjà d'un grand succès au niveau du design de cuisine.

Donkere houtsoorten zoals het zwarte eikenhout van het model Japón van Bossia, zijn tegenwoordig een van de favorieten in het keukenontwerp.

Las maderas de colores oscuros, como el roble negro del modelo Japón de Bossia, se han situado ya entre las favoritas para el diseño de cocinas.

As madeiras de cores escuras, como o carvalho negro do modelo Japón da Bossia, estão entre as preferidas para o *design* de cozinhas.

New technologies have made their way into the contemporary kitchen. In the K7 model by Team7, the height of the worktop can be adjusted by pressing a button.

Die neuen Technologien haben in der modernen Küche ihren festen Platz eingenommen. Im Modell K7 von Team7 ist die Arbeitsplatte mittels Betätigung eines Knopfes höhenverstellbar.

Les nouvelles technologies font désormais partie du monde de la cuisine contemporaine. Dans le modèle K7 de Team7, la hauteur du plan de travail peut être ajustée grâce à un simple bouton.

De moderne technologie heeft ook zijn weg gevonden naar de moderne keuken. In het model K7 van Team7 verstel je de hoogte van het aanrecht met één druk op de knop.

Las nuevas tecnologías se han hecho un hueco en la cocina contemporánea. En el modelo K7 de Team7, la encimera se puede regular en altura accionando un botón.

As novas tecnologias encontraram a sua posição na cozinha contemporânea. No modelo K7 da Team7, a altura da bancada pode ser regulada por meio de um botão.

The current trend is to aesthetically unite the kitchen with the dining room using tasteful, modern décor and making this space the central point of the home.

Ein aktueller Trend ist die ästhetische Vereinigung von Küche und Essbereich. Durch eine sorgfältige und moderne Einrichtung entsteht ein zentraler Punkt des Wohnraums.

La tendance du moment est d'allier harmonieusement la cuisine avec la salle à manger par le biais d'une décoration soignée et moderne, faisant de cet espace le point central du foyer.

De keuken en eetkamer esthetisch met elkaar verbinden d.m.v. een zorgvuldige en moderne inrichting, is de nieuwste trend. Zo wordt deze ruimte het middelpunt van de woning.

La tendencia actual es unir estéticamente la cocina con el comedor por medio de una decoración cuidada y moderna, lo que hace de este espacio el punto central del hogar.

A tendência atual é unir esteticamente a cozinha com o refeitório por meio de uma decoração mais profunda e moderna, o que faz deste espaço o ponto central da casa.

The growing popularity of contemporary kitchen models has led to the demise of the use of the characteristic framed cupboards used in many American kitchens.

Die wachsende Popularität der Küchenmodelle modernen Stils hat zur Folge, dass man beim Design vieler amerikanischer Küchen auf den Schrankcharakter verzichtet.

Du fait de la popularité croissante des modèles de cuisine de style contemporain, un grand nombre de cuisines américaines se passent des habituels placards encadrés au niveau de la conception.

De toenemende populariteit van modern keukendesign heeft ertoe geleid dat ook Amerikaanse keukens niet meer gekenmerkt worden door omlijste kastjes.

La creciente popularidad de los modelos de cocina de estilo contemporáneo ha provocado que muchas cocinas americanas prescindan del característico armario con marco en su diseño.

A crescente popularidade dos modelos de cozinha de estilo contemporâneo fez com que muitas cozinhas americanas prescindissem no seu *design* do tradicional armário com moldura.

The fundamental role of the island is to delineate the space between the kitchen and the dining room; it is of paramount importance in American-style kitchen design.

Hauptfunktion der Kochinsel ist die Abgrenzung zwischen Küche und Essbereich, was auch ein wichtiger Aspekt bei der Gestaltung einer amerikanischen Küche ist.

De belangrijkste functie van een kookeiland is het afbakenen van keuken en eetkamer. Dit is leidend in Amerikaans keukendesign.

La fonction fondamentale d'un îlot est de délimiter l'espace entre la cuisine et la salle à manger. Un îlot est d'une importance capitale dans le design d'une cuisine américaine.

La función fundamental de la isla es delimitar el espacio entre la cocina y el comedor y es de una importancia capital dentro del diseño de la cocina americana.

A função fundamental da ilha, que assume uma importância capital na cozinha americana, é delimitar o espaço entre a cozinha e ao refeitóro.

Combining contemporary style and more traditional decor can give a kitchen area a truly classic look.

Die Kombination einer modernen Küche mit eher traditionellen Einrichtungsgegenständen kann ein wahrhaft klassisches Ambiente schaffen.

L'ajout de décoration traditionnelle dans des cuisines de style contemporain permet de créer des ambiances à l'esthétique réellement classique.

Een moderne keuken met een traditionele inrichting zorgt voor een ruimte met een heel klassieke sfeer.

Las cocinas de estilo contemporáneo combinadas con decoraciones más tradicionales pueden dar como resultado ambientes con una estética realmente clásica.

As cozinhas de estilo contemporâneo combinadas com decorações mais tradicionais podem resultar em ambientes com uma estética realmente clássica.

Although the difference between various decorative styles can sometimes be quite subtle, a typical rustic style wooden extractor hood also has a place in the contemporary kitchen.

Wenngleich Stilmix eine Einrichtung mitunter subtil erscheinen lässt, hat die für den rustikalen Stil typische Dunstabzugshaube aus Holz auch in der modernen Küche ihre Berechtigung.

Bien que la différence entre différents styles de décoration soit parfois vraiment subtile, les hottes aspirantes en bois, représentatives d'un style rustique, trouvent leur place au sein des cuisines contemporaines.

Hoewel het verschil tussen inrichtingsstijlen heel subtiel kan zijn, kan een houten afzuigkap – karakteristiek voor rustieke keukens – ook heel goed passen in een moderne keuken.

Aunque, en ocasiones, la diferencia entre varios estilos de decoración puede ser muy sutil, una campana extractora de madera, típica de estilos rústicos, también tiene cabida en la cocina contemporánea.

Embora, por vezes, as diferenças entre os vários estilos de decoração possam ser muito subtis, um exaustor em madeira, típico dos estilos rústicos, pode também ser utilizado numa cozinha contemporânea.

Minimalism, less elaborate wooden forms, and the use of new materials are all characteristics of the contemporary kitchen.

Der Minimalismus in Form von klareren Holzstrukturen und neuartigen Materialien ist wesentlicher Charakterzug des modernen Stils.

Le minimalisme, les formes moins élaborées du bois et l'utilisation de nouveaux matériaux sont des traits caractéristiques de la cuisine de style contemporain.

De onderscheidende kenmerken van de moderne keuken zijn minimalisme, hout in strakke vormen en het gebruik van nieuwe materialen.

El minimalismo, las formas menos elaboradas de la madera y el uso de nuevos materiales son rasgos propios de la cocina de estilo contemporáneo.

O minimalismo, as formas menos elaboradas da madeira e o uso de novos materiais constituem traços próprios da cozinha de estilo contemporâneo.

THE CLASSIC KITCHEN

DIE KLASSISCHE KÜCHE

LA CUISINE CLASSIQUE

DE KLASSIEKE KEUKEN

LA COCINA CLÁSICA

A COZINHA CLÁSSICA

In the classic kitchen, wood acquires characteristics that differentiate it from other kitchen styles.

With more elaborate forms and relief carving, the wood undergoes a process that is closer to craftsmanship than industrialized production. Therefore, solid wood may be the most appropriate material for kitchens with a classic style because of its special characteristics. Classic models distil the elegance of this style with hand-worked solid wood and joinery details.

Although there are manufacturers especially dedicated to creating this type of kitchen, the major brands' catalogues also include classically-inspired kitchens made with wooden laminates. As with the solid wood models, the essential characteristics of the classic kitchen are traditional design, elaborate finish and classicism; all achieved without sacrificing the functionality and ergonomics of the most modern kitchens.

While painted wood is commonly seen in models of other styles, it is most often found in classic or classically-inspired kitchens, especially in light tones and pastels. When used next to worktops of wood or natural stone, such as marble, slate or granite, it evokes the charm of traditional classic kitchens.

In der klassischen Küche kommen dem Holz einige Charakteristika zu, die den Unterschied zu anderen Küchenstilen unterstreichen.

Die herausgearbeiteten Konturen und Reliefe bewirken, dass das Holz mehr an ein Kunstobjekt, als an ein industriell gefertigtes Produkt erinnert. Eben deswegen eignet sich das Massivholz aufgrund seiner charakteristischen Eigenschaften am besten für Küchen im klassischen Stil. Hand- und detaillierte Tischlerarbeiten sind es, die klassischen Küchen aus Massivholz ihren eigenen eleganten Stil verleihen.

Obwohl es Hersteller gibt, deren Produkte von eben diesem Küchenstil geprägt sind, bieten die größten Marken in ihren Katalogen ebenfalls Küchen an, die klassisch inspiriert und dennoch auf Grundlage von Furnier hergestellt sind. Ebenso wie bei den Modellen aus Massivholz, sind auch bei diesen Modellen die traditionelle Konzeption, die herausgearbeiteten Konturen und der Klassizismus grundlegende Charakteristika. Gleichzeitig wird jedoch auf die Funktionalität und Ergonomie einer modernen Küche nicht verzichtet.

Wenngleich Modelle aus lackiertem Holz in anderen Stilrichtungen die Regel sind, sind es die klassischen Küchen oder die im klassischen Stil inspirierten Küchen, in denen vor allem helle und pastellige Farbtöne eine herausragende Rolle spielen. Neben Arbeitsplatten aus Holz oder Naturstein wie Marmor, Schiefer oder Granit unterstreicht das lackierte Holz den Charme der traditionelleren Küchen im klassischen Stil.

Au sein d'une cuisine classique, le bois présente des caractéristiques telles que ce matériau distille un style de cuisine différent.

Du fait de formes plus élaborées et de reliefs, le travail du bois s'apparente plus à celui de l'artisanat qu'à un processus de production industriel. Par conséquent, le bois massif, par ses caractéristiques propres, constitue à nouveau le matériau le mieux adapté pour les cuisines de style classique. Le travail manuel du bois massif, les détails d'ébénisterie, apportent aux modèles classiques l'élégance propre à ce style.

Bien qu'il existe des fabricants exclusivement spécialisés dans la fabrication de ce type de cuisines, les principales marques présentent également dans leurs catalogues des cuisines d'inspiration classique réalisées avec des panneaux de bois laminés. En ce qui concerne ces modèles, à l'instar des modèles en bois massif, une conception traditionnelle, une finition élaborée ainsi qu'un certain classicisme sont les caractéristiques essentielles, sans que ces modèles renoncent pour autant aux exigences de fonctionnalité et d'ergonomie des cuisines les plus modernes.

Même s'il est habituel de trouver des modèles en bois peints dans d'autres styles, c'est dans la cuisine de style ou d'inspiration classique que le bois peint, surtout dans des tons clairs et pastel, occupe une place prépondérante. Autour de plans de travail en bois ou en pierre naturelle telle que le marbre, l'ardoise ou encore le granit, le bois peint distille en effet le charme des cuisines les plus traditionnelles de style classique.

Hout geeft klassieke keukens bepaalde karakteristieken waarmee ze zich onderscheiden van andere keukenstijlen.

Voor de meest kunstige details en reliëf wordt het hout op een manier bewerkt die dicht in de buurt komt van ambacht, in plaats van industrieel geproduceerd te worden. Daarom is hout, door zijn specifieke eigenschappen, het meest geschikte materiaal voor klassieke keukens. Door de massief houten afwerking en mooie houten details, stralen klassieke ontwerpen de voor deze stijl zo kenmerkende elegantie uit.

Er zijn fabrikanten die alleen ambachtelijke keukens maken, maar de meeste merken bieden ook klassiek geïnspireerde keukens aan van houtlaminaat. In dit type keukens zijn net als bij die van massief hout, het traditionele ontwerp, de gedetailleerde afwerking en de klassieke look leidend. Tegelijkertijd bieden ze echter dezelfde functionaliteit en ergonomie als modernere keukens.

Hoewel je geverfd hout ook in andere keukenstijlen ziet, is het toch vooral in klassieke keukens dat deze manier van afwerken de hoofdrol speelt, en dan vooral in lichte en pasteltinten. De traditionele combinatie van geverfd hout met een houten of natuurstenen aanrecht van marmer, leisteen of graniet is de charme van de klassieke keuken.

En la cocina clásica, la madera adquiere unas características que la diferencian de los demás estilos de cocinas.

Las formas más elaboradas y los relieves hacen que la madera se someta a un trabajo más cercano a la artesanía que a un proceso de producción industrializado. Por tanto, de nuevo la madera maciza, por sus especiales características, será la más apropiada para las cocinas de estilo clásico. El trabajo manual de la madera maciza, los detalles de ebanistería, harán que los modelos clásicos destilen la elegancia propia de este estilo.

Aunque existen fabricantes especialmente dedicados a la fabricación de este tipo de cocinas, las principales marcas también exhiben en sus catálogos cocinas de inspiración clásica realizadas en laminados de madera. En estos modelos, como en los modelos de madera maciza, la concepción tradicional, un acabado elaborado y el clasicismo serán también características esenciales, todo ello sin renunciar a las condiciones de funcionalidad y ergonomía de las cocinas más modernas.

Si bien en otros estilos es habitual encontrar modelos de madera pintada, será en la cocina de estilo o inspiración clásica donde la madera pintada, sobre todo en tonos claros y pastel, tendrá un protagonismo más destacado. La madera pintada, junto a encimeras de madera o de piedras naturales, como los mármoles, las pizarras o los granitos, evocará el encanto de las cocinas más tradicionales de estilo clásico.

A madeira adquire, na cozinha clássica, características que a distinguem dos outros estilos de cozinhas.

As formas mais elaboradas e os relevos, fazem com que a madeira se submeta a um tipo de trabalho mais próximo do artesanato que de um processo de produção industrializado. Por tanto, a madeira maciça, pelas suas características especiais, será a mais apropriada para as cozinhas de estilo clássico. O trabalho manual da madeira maciça e os pormenores de marcenaria conferem aos modelos clássicos a elegância que lhes é característica.

Embora existam fabricantes especialmente dedicados a fabricação deste tipo de cozinhas, as principais marcas apresentam também nos seus catálogos cozinhas de inspiração clássica construídas em laminados de madeira. Nestes modelos, tal como nos modelos de madeira maciça, a concepção tradicional, o acabamento natural e o classicismo são também características essenciais, sem, no entanto, renunciar às características de funcionalidade e ergonomia das cozinhas mais modernas.

Se bem que em outros estilos seja habitual encontrar modelos em madeira pintada, é na cozinha de estilo ou inspiração clássica que a madeira pintada, sobretudo em tons claros e pastel, assume um protagonismo mais destacado. A madeira pintada, juntamente com as bancadas de madeira ou pedra natural, como mármore, ardósia ou granito, evoca o encanto das cozinhas mais tradicionais de estilo clássico.

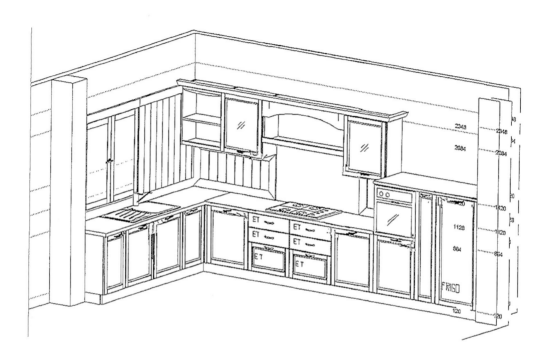

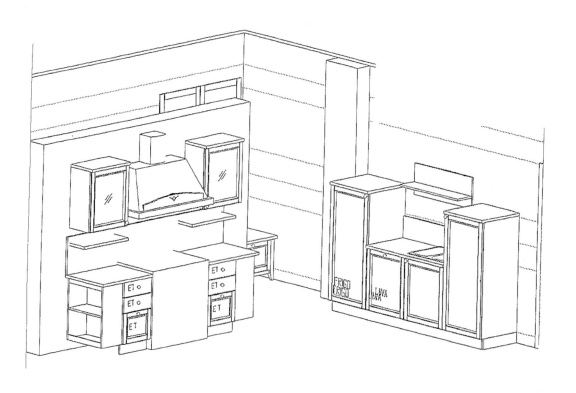

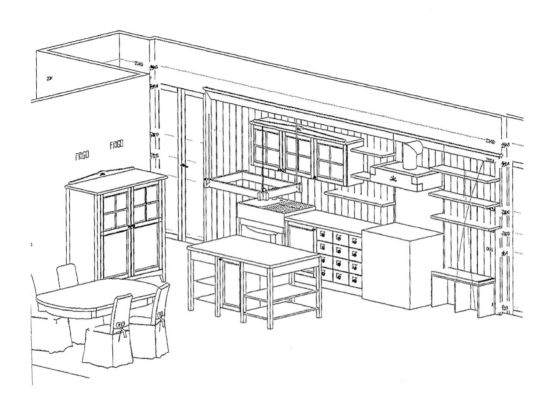

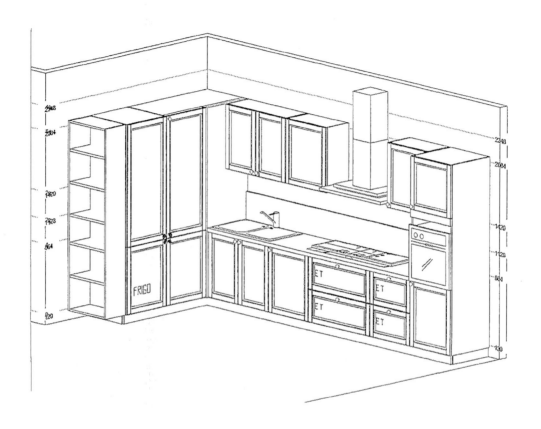

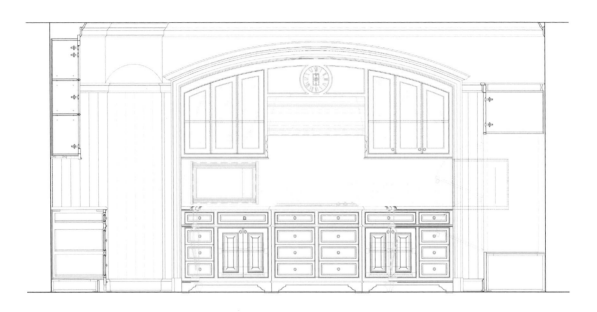

TIPS

Glass cabinets are still a recurring feature in classic kitchen models, even those with a more modern aesthetic.

Klassische Küchenmodelle, inklusive derer, die in die moderne Richtung gehen, sind nach wie vor mit Vitrinen ausgestattet.

Dans les modèles de cuisine classique, y compris ceux qui s'ancrent dans une esthétique plus moderne, les placards vitrés continuent d'être un élément récurrent.

Kastjes met vitrinedeuren zijn een terugkerend element in klassieke keukens, ook in de iets modernere variany.

En los modelos de cocina clásica, incluso en aquellos que cuentan con una estética más moderna, las vitrinas siguen siendo un elemento recurrente.

Nos modelos de cozinha clássica, mesmo naqueles com uma estética mais moderna, as vitrines continuam sendo um elementos recorrentes.

Painted wood, especially in light colours or pastels, is a distinctive feature commonly used in classic kitchens.

Lackierte Holzfronten, speziell in hellen und pastelligen Farbtönen, stellen ein unterscheidendes Merkmal der klassischen Küchen dar.

Le bois peint, surtout dans des couleurs claires ou pastel, est un trait distinctif très répandu dans les cuisines de style classique.

Geverfd hout, vooral in lichte of pasteltinten, is kenmerkend voor klassieke keukens.

La madera pintada, sobre todo en colores claros o pastel, es un rasgo distintivo muy utilizado en las cocinas de estilo clásico.

A madeira pintada, sobretudo em tons claros ou pastel, é um elemento característico muito utilizado nas cozinhas de estilo clássico.

Despite the predominance of bright colours and pastels, it is also possible to find classic kitchen models with wood painted in other colours.

Obwohl in klassischen Küchenmodellen zumeist helle und pastellige Farbtöne vorherrschen, sind auch dunkle Farbnuancen zu finden.

En dépit de la prédominance des couleurs claires et pastel, il arrive aussi de trouver des modèles comprenant du bois peint dans d'autres couleurs dans les cuisines classiques.

Hoewel lichte en pasteltinten domineren, zijn er ook klassieke keukens in andere kleuren hout.

Pese al predominio de los colores claros y pasteles, en las cocinas clásicas también es posible encontrar modelos con madera pintada en otros colores.

Apesar do predomínio das cores claras e pastel, é também possível encontrar modelos com madeira pintada em outras cores.

The use of metal in the design of display cabinets, knobs or appliances gives the classic kitchen its characteristic elegance.

Die Verwendung von Metallen bei der Gestaltung von Vitrinen, Griffen oder Elektrogeräten verleiht der klassischen Küche einen eleganten Charakter.

L'utilisation de métaux dans le design de placards vitrés, tiroirs et équipement électroménager donne à la cuisine classique cette élégance si caractéristique.

Het gebruik van metaal in het ontwerp van vitrinekastjes, voor handgrepen of bij huishoudelijke apparatuur, geeft de klassieke keuken haar kenmerkende elegante touch.

El uso de metales en el diseño de vitrinas, tiradores o electrodomésticos dota a la cocina clásica de su característica elegancia.

O uso de metais no *design* de vitrines, puxadores ou eletrodomésticos proporciona à cozinha clássica a sua característica elegância.

Another enduring finish in the classic kitchen is sanded, pale coloured wood, such as that used in the Como model by Leicht.

Geschliffenes Holz in hellen Farbtönen, wie es im Modell Como von Leicht eingesetzt wurde, stellt eine weitere wiederkehrende Oberflächenstruktur in klassischen Küchen dar.

Le bois poncé de couleur claire, à l'instar du bois utilisé pour le modèle Como de Leicht, figure parmi les finitions récurrentes de la cuisine de style classique.

Gezandstraald hout in lichte kleuren zoals hier bij het model Como van Leicht, is een manier van afwerken die je vaak terugziet in klassieke keukens.

La madera lijada y en colores claros, como la que se ha empleado en el modelo Como de Leicht, es otro acabado recurrente en la cocina de estilo clásico.

A madeira polida de cores claras, como a que foi usada no modelo Como da Leicht, é outro acabamento recorrente na cozinha de estilo clássico.

The Alpilles model by Grattarola shows how a kitchen made entirely of wood offers a warmth rarely provided by other materials.

Eine Küche, die gänzlich aus Holz besteht, wie es beim Modell Alpilles von Grattarola der Fall ist, bietet eine Qualität, die zweifelsohne nur schwer durch andere Materialien zu erreichen ist.

Il est indéniable qu'une cuisine entièrement en bois, à l'instar du modèle Alpilles de Grattarola, offre un niveau de qualité qu'il est difficile d'atteindre avec d'autres matériaux.

Een compleet houten keuken, zoals dit model Alpilles van Grattarola, biedt zonder twijfel een kwaliteit die andere materialen maar nauwelijks kunnen evenaren.

Sin duda, una cocina realizada en su totalidad de madera, como el modelo Alpilles de Grattarola, ofrece una calidez que difícilmente proporcionan otros materiales.

Uma cozinha toda em madeira, como o modelo Alpes da Grattarola, proporciona, sem dúvida, uma qualidade dificilmente conseguida com outros materiais.

The use of woodwork provides much potential for creating details and finishes as practical as they are beautiful.

Die große Vielfalt an Möglichkeiten, welche Holzbearbeitung bereithält, schafft Details und Oberflächen, die ebenso praktisch, wie schön sind.

Les possibilités multiples qu'offre le travail du bois permettent de créer des détails et des finitions aussi pratiques qu'esthétiques.

Hout biedt oneindig veel mogelijkheden voor details en afwerking die even praktisch, als mooi zijn.

Las múltiples posibilidades que proporciona el trabajo de la madera permiten la creación de detalles y acabados tan prácticos como hermosos.

As inúmeras possibilidades proporcionadas pelo trabalho com madeira permitem a criação de detalhes e acabamentos práticos e de grande beleza.

The continuing influence between styles makes kitchen designs difficult to categorise into a particular style.

Der sich fortsetzende Einfluss aufeinander erschwert die Differenzierung der verschiedenen Küchenstile.

Du fait de l'influence continue des styles, il reste difficile de classer les différents designs de cuisine au sein d'un style de cuisine précis.

Kruisbestuiving tussen stijlen zorgt ervoor dat heel wat moderne keukenontwerpen eigenlijk niet meer bij een specifieke stijl horen.

La influencia continua entre estilos hace que los diferentes diseños de cocinas sean difíciles de catalogar dentro de un estilo de cocina en concreto.

A contínua interinfluência dos estilos faz com que os diferentes tipos de *design* de cozinhas se tornem difíceis de classificar dentro de um estilo de cozinha específico.

Like the classic kitchen, the American kitchen is also characterised by the use of wood painted with pale or pastel colours.

Genau wie die klassische Küche, so bedient sich auch die amerikanische Küche gerne des Einsatzes von lackiertem Holz in hellen und pastelligen Tönen.

À l'instar de la cuisine de style classique, la cuisine américaine se caractérise également par l'utilisation de bois peint avec des couleurs claires ou pastel.

Net als klassieke keukens worden Amerikaanse keukens gekenmerkt door hout in lichte of pastelkleuren.

Como la cocina de estilo clásico, la cocina americana también se caracteriza por la utilización de madera pintada con colores claros o pastel.

Tal como a cozinha de estilo clássico, a cozinha americana caracteriza-se igualmente pela utilização da madeira pintada com cores claras ou pastel.

When creating a classic kitchen, joinery offers endless possibilities for the final design.

Im Bereich Design schaffen die Möglichkeiten der Tischlerei bei der Herstellung von klassischen Küchen unendlich viele Variationen.

Aan het definitieve ontwerp van een klassieke keuken kun je het oneindige aantal mogelijkheden van houtbewerking zien.

L'ébénisterie, dans le processus d'élaboration de la cuisine classique, déploie une infinité de possibilités pour le design final de la cuisine.

La ebanistería en el proceso de elaboración de la cocina clásica despliega infinidad de posibilidades en el diseño final de la cocina.

No processo de elaboração da cozinha clássica, a marcenaria permite uma infinidade de possibilidades no *design* final da cozinha.

Soft colours, wooden worktops, or wooden handles with retro shapes are just some ways to give a classic kitchen a rustic look.

Die zarten Farbtöne, die Arbeitsplatten aus Holz und die Griffe im Retro-Design sind einige der Elemente, die der klassischen Küche ihren rustikalen Charakter verleihen.

Les couleurs douces, les plans de travail en bois ou les tiroirs de style rétro figurent parmi les multiples options pour donner un style rustique à une cuisine classique.

Zachte kleuren, een houten aanrecht of handgrepen in retrostijl, zijn elementen die een klassieke keuken een rustiek tintje geven.

Los colores suaves, las encimeras de madera o los tiradores con formas retro son algunas de las opciones que le aportan un aspecto rústico a la cocina clásica.

As cores suaves, as bancadas de madeira ou os puxadores com formas *retro* são algumas das opções que oferecem à cozinha clássica um toque rústico.

Stained woods are characteristic of the classic kitchen. Unlike paint, stain allows the patterns of the wood grain to show through the colour.

Eingefärbtes Holz zählt zu den typischen Elementen einer klassischen Küche. Im Gegensatz zum Lack lässt eine Farbe die Holzstruktur durchscheinen.

Les bois teints sont caractéristiques de la cuisine classique. La teinture, à l'inverse de la peinture, permet d'identifier la morphologie du bois utilisé.

Gebeitst hout is typisch voor een klassieke keuken. In tegenstelling tot gewone lak laat beits de houtnerf zien.

Las maderas tintadas son características de la cocina clásica. El tinte, a diferencia de la pintura, permite reconocer la morfología de la madera utilizada.

As madeiras tingidas são características da cozinha clássica. O tingimento, ao contrário da pintura, permite reconhecer a morfologia da madeira utilizada.

DIRECTORY

Allmillmö
www.allmillmoe.com
pp. 158-159

Alno
www.alno.com
pp. 38-39, 40-41, 42-43, 44-45, 220-221, 226-227, 296-297, 321-323, 464-465

Arclinea
www.arclinea.it
pp. 112-113

Arredo 3
www.arredo3.com
pp. 145, 374, 383

Arrital
www.arritalcucine.it
pp. 375, 385, 428

Aster
www.astercucine.it
pp. 153, 229-231, 290, 291, 386-387, 433, 467-469

Aurora
www.auroracucine.it
pp. 298, 361, 367

Bamax
www.bamax.it
pp. 165-167

Biforis
www.biforis.com
pp. 94-95, 156-157, 398-399

Boffi
www.boffi.com
pp. 326-327

Bossia
www.bossia.com
pp. 332-333

Bravo
www.bravobravo.it
p. 180

Bulthaup
www.bulthaup.com
pp. 354-355

Callesella
www.callesella.com
pp. 299, 364-365, 372-373, 376-377, 408-409, 500

Cesar Arredamenti
www.cesar.it
pp. 102-103, 134-137, 155, 170-173, 248-249, 250-251, 272-273, 274-275, 276-279, 280-281

Chalon
www.chalon.com
pp. 448-451, 486-487, 492-495

Charles Yorke
www.charlesyorke.com
pp. 282-283, 436-437, 458-459, 489-491

CJS Millwork
www.cjsmillwork.com
pp. 434-435

Decorá
www.decoracabinets.com
p. 439

Dromme
www.drommekjokkenet.no
pp. 130, 131, 132, 133, 303

Edwin Loxley
www.edwinloxley.co.uk
pp. 342-345

Effeti
www.effeti.com
pp. 50, 124-125

Eggersmann
www.eggersman.com
pp. 96-97, 146, 216-217, 218-219, 352-353

Ernesto Meda
www.ernestomeda.com
pp. 78, 139-143, 198-199, 314-315, 393, 404, 416

Febal
www.febal.com
pp. 53, 245

FM
www.fm-kuechen.at
p. 68

Forlady
www.forlady.es
pp. 150-151, 178-179, 182-183, 187, 252, 254-255, 264, 268-269, 396, 403

Gamadecor
www.gama-decor.com
pp. 147, 223, 224, 225

Grattarola
www.grattarola.it
pp. 46-47, 51, 64-65, 90-91, 196-197, 242, 324-325, 362-363, 477-479

Impuls
www.impuls-kuechen.de
pp. 104-105

Key Cucine
www.keysbabo.com
pp. 59, 80, 110, 112

Kitchen Kraft
www.kitchenkraft.com
pp. 177, 263, 284-285

Kraftmaid
www.kraftmaid.com
pp. 262, 346-347, 438

Küche+Cucina
www.kuche-cucina.com
pp. 442-443

Kvik
www.kvik.com
pp. 52, 121, 154, 185, 306

LEICHT
www.leicht.de
pp. 18-21, 32-35, 70-73, 192-195, 206-209, 201-211, 212-215, 236-239, 329-331, 339-341, 417, 461-463, 472-475

Logos
www.logoscoop.com
pp. 114-115, 116-117, 348-351

Lube
www.cucinelube.it
pp. 84-85, 106-107, 163, 189, 232-233, 244, 247, 260, 287, 300, 307, 309, 384, 388, 391, 395, 407, 411, 412, 413, 415, 419, 423, 425, 440, 482-485, 496-497, 499

Martini Mobili
www.martinimobili.it
pp. 368-371, 420-421, 446-447

Meson's
www.mesons.it
pp. 81, 184

Mia
www.mia.it
pp. 49, 56-57, 60-61, 62-63, 83, 86, 162, 234, 235, 240, 241

Minacciolo
www.minacciolo.it
pp. 14-17

Oikos
www.oikoscucine.it
pp. 174-175

Old Line
www.oldline.it
pp. 11, 12-13

Omega
www.omegacabinetry.com
pp. 430, 453

Pedini
www.pedini.it
pp. 122, 123

Pino
www.pino.de
pp. 160-161

Plain & Fancy
www.plainfancycabinetry.com
pp. 454-457

Poggenpohl
www.poggenpohl.com
pp. 66-67

Poliform
www.poliform.it
pp. 110-111, 119

Pronorm
www.pronorm.de
p. 55

Rational
www.rational.de
pp. 288-289, 311-313

Riva 1920
www.riva1920.it
p. 302

Santos
www.santos.es
pp. 316-319

Schiffini
www.schiffini.com
p. 176

Schrock
www.schrock.com
pp. 431, 444

Schüller
www.schueller.de
pp. 74-77, 92-93, 204

SieMatic
www.siematic.com
pp. 69, 401, 470-471

Snaidero
www.snaidero.it
pp. 22-23, 24-27, 28-31, 181, 190-191

Spar
www.spar.it
pp. 380, 381, 400, 405, 426-427

Team7
www.team7.at
pp. 89, 126-129, 256-257, 266-267, 270-271, 334-337, 480-481

The Singular Kitchen
www.thesingularkitchen.com
pp. 120, 304-305

Toncelli
www.toncelli.it
pp. 98-99, 292-295

Vama
www.vama.biz
pp. 79, 108-109, 168-169, 186, 258-259, 378, 389, 390, 394

Woodstock
www.woodstockfurniture.co.uk
p. 286

ZALF
www.gruppoeuromobil.com
pp. 100-101

Zampieri
www.zampiericucine.it
pp. 36-37, 88, 200-201, 202-203

PHOTO CREDITS

© Alessandro Paderni
pp. 22-23, 190-191, 460-463, 472-475

© Claudio Lombardini
pp. 108-109

© Darren Chung
pp. 282-283, 436-437

© Franco Zanussi
pp. 12-13

© Kvik A/S
pp. 52, 121, 154, 185, 306

© LEICHT Küchen AG. Bruno Helbling Fotografie
pp. 210-211, 328-331

© LEICHT Küchen AG
pp. 18-21, 32-35, 70-73, 192-195, 206-209, 212-215, 236-239, 417

© Lorenzo Borgianni
p. 298 (top)

© Martino Massalini
p. 378

© Nadia Mackenzie
p. 286

© Quattordici
p. 78

© Rational Einbauküchen
pp. 288-289, 311-313

© Renato Trebbi
pp. 79, 389, 394

© Schüller Möbelwerk KG
pp. 74-77, 92-93, 204

© Simone Bellese
p. 53

© SimoneTre
pp. 314-315